AF320364

www.tredition.de

Heribert Steger

Die ewige Seligkeit

Religiöse Gedichte

www.tredition.de

© 2018 Heribert Steger

Verlag und Druck: tredition GmbH,
Halenreie 40-44
22359 Hamburg

ISBN
Paperback: 978-3-7469-0723-9
Hardcover: 978-3-7469-0724-6
e-Book: 978-3-7469-0725-3

DIE EWIGE SELIGKEIT

Religiöse Gedichte

von
Diakon emeritus

Heribert Steger,

Diplomtheologe

tredition GmbH
2. Auflage

Nürnberg, 2018

Inhalt

Widmung..**10**

1. Altern **11**

2. Angst **12**

3. Das Böse und das Gute **12**

4. Die Ewigkeit..**13**

5. Der Fluss der Zeit **14**

6. Gedanken über das Sterben..................**15**

7. Der ewige Geist **16**

8. Gott, der ganz andere..........................**17**

9. Der Gottsucher....................................**18**

10. Das Gute und das Böse **20**

11. Die wahre Heimat **21**

12. Heimweh **22**

14. Ideale **23**

15. Immer das Gleiche **25**

16. Infekt 25

17. Ein Insekt 26

18. Der Einzug nach Jerusalem 27

19. Jesusgedicht 33

20. Kritik 34

21. Ewiges Leben 35

22. Ein Leben für die Gesundheit............. 35

23. Die Lebenskurve 36

24. Menschentypen 37

25. Die Minne... 38

26. Ein glücklicher Morgen 40

27. Der Muselmann 41

28. Der Muslim und die Toleranz 42

29. Nikolaus-Gedicht 44

30. Ofen oder Sonnenschein 47

31. Die Perfektion der Technik 48

32. Vom Rauchen und Trinken 50

33. Ein Rentner 53

34. Gefährliches Reisen? 53

35. Von der Schönheit der Natur 55

36. Der alte Seemann 55

37. Die ewige Seligkeit 56

38. Der wahre Sieg..........................58

39 a) Gedanken über das Sterben 58

39 b) Das Sterben lernen 59

40. Streit und Krieg 61

41. Toleranz und Solidarität 63

42. Die Unitas 64

43. Die unterschiedl. Menschen 66

44. Verdruss 66

45. Warum?.................................68

46. Die ungemütliche Welt 69

47. Gottes Wille 69

48. Wir Alten 71

49. Die Wirkung der Eucharistie...............72

50. Von der Flüchtigkeit der Wolken........73

51. Wolkenformationen 74

52. Würze 76

53. Wut und Resignation 76

54. Zeckenbiss..78

Dank an die Leser 80

Widmung

Dieses E-Book,

das auch als Paperback und Hardcover

bei der tredition GmbH

unter www.tredition.de erhältlich ist,

widme ich meiner Tochter

Christina.

Ihrer aktiven Mithilfe

und ihrer Sachkompetenz im Umgang mit

Textverarbeitungsprogrammen

verdanke ich meine erste

digitale Buchveröffentlichung.

1. Altern

Was wohl ab und zu passiert,

dass man mit Altern kokettiert.

Früher hätt' ich nie gedacht,

dass ich's auf 50 hätt' gebracht.

Der Mediziner mit Vergnügen

erklärt, das Alter sei gestiegen.

Dank Pillen und dank andrer Mittel

wird man jetzt älter um ein Drittel.

Wenn die Finanzen dazu reichen,

muss manche Krankheit heute weichen.

Wenn man noch eine Rolle spielt,

ist man so alt, wie man sich fühlt.

Das Altern nehme jeder hin,

denn Älterwerden macht schon Sinn.

Man wird oft weise und gescheit,

bereit zur ew'gen Seligkeit.

2. Angst

Nur schwerlich sieht die Menschheit ein,
in Angst kann niemand fröhlich sein.
In Angst kann man nur wenig schaffen.
Aus Angst macht man sich viele Waffen.

Wer kraftvoll friedlich ist, kann wenden
der Welt Geschick mit leeren Händen.

3. Das <u>Böse</u> und das Gute

Wilhelm Busch hat oft sinniert,
hat moralisch informiert:

Das Gute, dieser Satz steht fest,
ist oft das Böse, das man lässt.

Will jemand mir vielleicht verwehren,
die Formel einfach umzukehren?

Das Böse, dieser Satz steht fest,

ist oft das Gute, das man lässt.

Das Drollige bei diesem Ding.

Der Unterschied ist nicht gering.

4. Die __Ewigkeit__

Ich fiel einst aus der Ewigkeit

hinein in meine Lebenszeit.

Da wurde mir es plötzlich klar,

wie kurz doch dieses Leben war.

Was haben Menschen bloß erfahren,

die vor mir auf der Erde waren?

Was wird das Leben nach mir sein,

geh' ich zu meinem Ursprung ein?

Die Zeit ist nichts bei dem Vergleich
zum ewig langen Himmelreich.

5. Der <u>Fluss</u> der Zeit

Wenn man den Fluss der Zeit beschaut,
kriegt mancher eine Gänsehaut.
Ist unser Hirn auch sehr gescheit,
es fasst doch nie die Ewigkeit.

6. <u>Gedanken</u> über das Sterben

Ich habe oft bei Tag und Nacht
auch übers Sterben nachgedacht.

Es fiel mir Vieles dazu ein:
Es muss wohl irgendwann 'mal sein.

Das Abschied-Nehmen fällt recht schwer,
ist's doch ohne Wiederkehr.

Der Körper wird nicht mehr geschunden.
Man hat das Leben überwunden.

Und mag der Leib auch mal veralten,
des Menschen Geist bleibt stets erhalten.

Im Tode gibt es keine Zeit.
Das Leben bleibt in Ewigkeit.

Kein Abend schenkt mir ein Vergehen
und kein Vergessen, kein Verwehen.
Der Frühling bleibt ein ew'ger Morgen.
Da fühl' ich mich in Gott geborgen.

7. Der ewige Geist

Der Mensch, er stammt nicht ab vom Affen.
Das sei gesagt ganz ohne Spott.
Es ist der Geist, der uns erschaffen.
Wir nennen ihn den lieben Gott.

Aus Liebe hat Er uns gerufen,
der Ruf ging durch die Ewigkeit.
Er führt hinauf zu Himmelsstufen
in ewige Glückseligkeit.

8. <u>Gott</u>, der ganz andere

Ein Mensch sein Dasein nie verflucht,
solange er nach Gott gesucht.
Sein Wunsch bleibt ihm ganz ungebrochen,
er hätt' so gern mit Gott gesprochen.

Der Mensch bedauert lange schon,
dass Gott nicht spricht durchs Telefon.
Doch voller Sehnsucht bleibt sein Wesen.
Dann lernt er die Natur zu lesen.

Bei Blumen und bei Schmetterlingen,
da lernt er Gottes Lob zu singen,
was ihm dann die Erkenntnis brachte,
dass Gott ist anders als er dachte.

9. Der <u>Gottsucher</u>

Wer sein Dasein nicht verflucht,
ein Leben lang nach Gott gesucht,
der wünscht sich oft ganz ungebrochen,
hätt' einmal er mit Gott gesprochen.

Der Mensch bedauert lange schon,
dass Gott hat wohl kein Telefon.
Er möcht entdecken Gottes Wesen,
und will die Bibel ganz durchlesen.

Doch da entdeckt er staunend nur
die Gottes Pracht in der Natur.
Und schließlich bei den Schmetterlingen
begreift er Gottes Lob zu singen.

Vom Schöpferglanz total beschwingt
er lauter Lobeshymnen singt,

was ihm dann die Erkenntnis brachte,
dass Gott ist anders als er dachte.

Der Schöpfergott ganz anders scheint
als was der Mensch zuvor gemeint.
Er kommt zu den Erkenntnisstufen,
dass Gott nicht nur ein Volk berufen.

Nein, jeder Mensch ist Gottes Kind,
auf dass er Gottes Liebe findt.
Geschöpf ist letztlich auch das Tier,
und auch die Pflanzen zähl ich hier.

Der Fluss, der See, die hohen Berge,
für Gott erscheinen sie wie Zwerge.
Die Landschaft und die Harmonie,
zu Gottes Werk zählt Phantasie.

10. Das <u>Gute</u> und das Böse

Wenn man in Ruhe überlegt,
was in den Medien Wellen schlägt,
so scheint das Gute oft gering.
Das Böse ist ein fesselnd Ding.

Das Unglück steht in großen Zeilen,
als könnt' es jeden gleich ereilen.
Das Gute hat halt kaum Gewicht.
Die Medien interessiert dies nicht.

Von Katastrophen ist zu lesen,
von Verbrechen, von den Bösen,
von Morden, Diebstahl überall,
verkommen scheint uns die Moral.

Und doch, wo bliebe unsre Welt,
wenn uns das Gute nicht gefällt?

Das Böse scheint nur interessant
in unsren Medien hierzuland.

Die Masse liebt das große Fressen,
auf Sensation ist sie versessen.
Doch was das Dasein wirklich trägt,
sich leise, unbemerkt bewegt.

Das Böse, wenn's auch lauthals schreit,
gehört doch zu der Minderheit.
So lasst Euch Sensationslust rauben,
beginnt, ans Gute nur zu glauben!

11. Die wahre __Heimat__

Im Grunde weiß es jedes Kind,
dass wir nur Gast auf Erden sind.

Wer das Jenseits hier vermisst,
spürt, wo die wahre Heimat ist.

12. Heimweh

Auch im Fernsehn immer wieder
hört man schöne Heimatlieder.
Wer niemals in der Ferne war,
dem wird kein Heimweh offenbar.
Wer von Ferne hat genug,
zieht heimwärts wie im Vogelflug.

13. Humanität und Toleranz

Humanitas und Toleranz
fordern unsre Kräfte ganz.

Gegen schrecklich Gewalt
sagen wir energisch: Halt!
Um das Böse abzuwehren,

soll sich unser Mut vermehren.

Des Weisen Worte sagen viel:
Auch der Weg ist unser Ziel.

Dass sie gute Taten bringen,
Ideale hier erklingen.

Was gut, erkenne jedermann
und fange bei sich selber an!

14. Ideale

Humanitas und Toleranz
fordern unsre Kräfte ganz.

Gegen schreckliche Gewalt
sagt der Christ energisch: „Halt!“

Um das Böse abzuwehren,
muss der Mut sich sehr vermehren.
Des Weisen Worte sagen viel:
„Unser Weg ist unser Ziel.“

Ideale braucht der Mann,
dass er Großes leisten kann.
Doch er muss bei sich beginnen,
will er reichlich Früchte bringen.

15. Immer das Gleiche

Das alte Jahr mit Krieg vermint
hat nun endlich ausgedient.
Das alte Jahr, es führt ins Grab
der Ewigkeit mit uns herab.

Auch wenn wir neue Daten schreiben,
die Leute werden Unfug treiben.
Ob altes oder neues Jahr,
die Menschheit bleibt meist wie sie war.

16. Infekt

Was Medizin schon früh entdeckt,
heißt lateinisch kurz "Infekt".
Bei mittelsprachlichem Talent,
ist das ein Wort, das jeder kennt.

Um den Wissensdurst zu stillen,
entdeckte man auch die Bazillen.
Im Mikrokosmos-Wunderland
sind auch die Viren gut bekannt.

Beim weißen Mann sowie beim Neger
gibt es noch schlimmere Erreger.

Den AIDS-Erreger man benennt,
so dass man diese Krankheit kennt.

Obwohl von großer Geisteskraft
die Wissenschaft nicht alles schafft.
Auch wenn sie tätig ist mit List,
das Nichtgewußte größer ist.

17. Ein Insekt

Ein Insekt - zunächst noch munter -
schwirrt in seinem Drang nach Licht

an der Scheibe rauf und runter.
Die Scheibe selber sieht es nicht.

Flög' es etwas nur zurück,
und nähme Abstand so dabei,
erspäh' das Tier den Weg zum Glück:
Am Fensterrand der Weg ist frei.

Auch manchem menschlichem Problem,
- Man denk' an Religion zurück! -

verkrampft in irgendein System,
fehlt ohne Abstand freier Blick.

18. Der Einzug nach <u>Jerusalem</u>

Der Einzug nach Jerusalem,
er war für alle angenehm;

denn Jesus ritt auf einem Fohlen.
Das war nach Gottes Plan empfohlen.

Einst kamen Jünger aus Betfage,
die banden los ohn' alle Frage
das junge Füllen einer Eselin.
Sie hatten Gutes nur im Sinn.

Von einem Pflock sie machten's frei
und dachten sich nicht viel dabei.
Als jemand sie zur Rede stellt,
erwidern sie: "Dem Herrn gefällt

das liebe junge Tier allein.
Es wird auch sicher artig sein.
Er bringt es Euch zu Eurem Glück
am nächsten Tag gewiss zurück."

So sagten sie und taten's auch,
als wär' es ganz Prophetenbrauch.
Denn bei Jesaja liest man schon:
"Verkünd' der Tochter des Zion!

Denn sieh', dein König kommt zu dir.
Er reitet froh auf einem Tier,
dem jungen Fohlen einer Eselin
hat Frieden nur in seinem Sinn."

Die Jünger legten Kleider auf
den Rücken dieses Esels drauf.
Er setzte sich. Und nicht genug,
die Menschen bildeten 'nen Zug

und liefen freudig vor ihm her.
Sie zeigten Furcht nun nimmermehr.

Sie breiteten die Kleider aus,
machten Triumph und Jubel draus.

Ja manche taten sich nicht sträuben
und schnitten Zweige von den Bäumen.
Die streuten sie auf seine Wege,
dass Lob und Preis ihn stets umgebe.

Sie folgten ihm und riefen laut:
- Wer kriegt da keine Gänsehaut? -
"Gesegnet sei in Gottes Namen
der Mann aus Nazareth. Ja, Amen!

Hosianna sei ihm in der Höhe.
Vor ihm soll weichen Klag' und Wehe.
Dem Sohne Davids Lob und Preis.
Er führt uns hin zum Paradeis.

Denn der Messias ist gekommen,
hat uns erlöst und angenommen.

Die Leidenszeit ist bald vorbei.
Er mach' uns von den Römern frei!"

So zog man fröhlich und bewegt,
das Volk, es war ganz aufgeregt,
durchs Stadttor nach Jerusalem.
Es war als wär's wie ein Emblem

an Liebe, Güte, Macht, Gewalt
in dieses Menschensohns Gestalt.
"Das ist der Mann. Er ist Prophet;
der Jesus stammt aus Nazareth."

Das weiß hier jedes kleine Kind,
was Nazarener wirklich sind.
Sie sind Sektierer, warten schon
auf unser Heil durch Gottes Sohn.

Der Galiläer Jesus muss

Messias sein. Das ist Beschluss.

Das Volk will ihn als König haben.

Drum bringen sie ihm Königsgaben.

"Gesegnet sei der, der uns frommt,

der hier im Namen Gottes kommt.

Er bringt uns Heil auf allen Wegen.

Er bringt uns Glück durch Seinen Segen."

So stimm' ich mit im Jubel ein;

denn Jesus muss der Retter sein.

Er rettet uns aus aller Not,

aus Sünde, Hass und aus dem Tod.

Er zeigt das wahre Leben hier.

Drum sei ihm Lob und Dank dafür.

Der Retter ist uns wirklich nah.

"Bring doch Hilfe!" ruf ich da.

19. Jesusgedicht

J eder Mensch auf dieser

E rde.

S ei geschätzt

U nd

S ei geliebt.

C hristi

H eil noch größer werde,

R uft

I ns Glück uns, das es gibt.

S eht das

T or zum ew'gen Leben

U nd zu Gott nun offen ist! -

S oll im Zweifel jemand schweben,

der die Liebe nicht vermisst?

Wer den Hass und Neid vergisst,

ist entkommen Satans List. Amen.

20. Kritik

Jeder weiß es allgemein,

doch selten wagt man es zu sagen:

Kein Mensch kann ohne Fehler sein.

Doch wer kann schon Kritik vertragen?

Es ist schon klar, was viele wissen,

es gilt als Grundsatz hier auf Erden:

Ein Leben lang wir lernen müssen,

damit wir täglich besser werden.

21. Ewiges <u>Leben</u>

Ich seh es ständig, Tag für Tag,
das Leben geht im Wellenschlag.
Himmelhochjauchzend, zu Tode betrübt.
glücklich der Mensch, der leidet und liebt.

Ob die Wellen nun groß oder klein,
sie scheinen des Lebens Schicksal zu sein.
Denn manchmal gibt es viel Verdruss,
wenn man vom Hoch mal runter muss.

22. Ein <u>Leben für</u> die Gesundheit

Ein Mensch, der wollte ewig leben.
Drum hat er's Rauchen aufgegeben.
Er sorgte sich nur um sein Wohl,
verzichtete auf Alkohol.

Ein Arzt berät ihn sorgenschwer:
"Das mit der Liebe geht nicht mehr."
In Ängsten ohne Unterlass
führt er ein Leben ohne Spass.

So lebt der Mensch mit viel Verdruss,
nur dass gesund er bleiben muss.
Sein Leben bleibt an Freuden rar.
Doch dafür wird er hundert Jahr.

Hört die Moral aus meinem Mund:
Treibt viel mehr Sport und bleibt gesund!
Die Freude ist nicht ganz egal.
Krank alt zu werden ist fatal.

23. Die <u>Lebenskurve</u>

Das Leben ist kein Honigkuchen.
Rosinen muss man darin suchen.

Manch einer recht zufrieden spricht:
"Rosinen? Nein, die mag ich nicht!"

Worüber soll ich mich noch freuen?
Nachher muss ich doch bereuen,
wenn ich viel zu viel gelacht,
eine Nacht im Rausch verbracht.

Das Leben nach bescheid'nem Sinn
plätschert langsam so dahin.
Weil die Kurve flach verlief,
steigt man nicht hoch und fällt nicht tief.

24. Menschentypen

Wenn man in der City sitzt
und besieht sich manche Typen,
lacht man öfter still, verschmitzt,
meint, es wär' beinah zum Piepen.

Köpfe glatt, mit dicken Bäuchen,
Dünne sind dort auch zu sehn,
mit Beinen, wie von Wasserschläuchen.
Recht viele halten dies für schön.

Die Kinder sind meist zart und zierlich.
Wenn man die Großen dann beschaut,
wirken diese nicht manierlich,
eher manchmal arg verbaut.

Und ziemlich kritisch frag' ich mich
und seh' mich vor dem Spiegel stehn:
"Zu welchem Typ gehöre ich?
Mein Gott! Ich bin grad' auch nicht schön!"

25. Die Minne

Die Minne und die Poesie:
Gut lebt niemand ohne sie.

Die Liebe ist das Licht der Welt,
die alle Finsternis erhellt.

Pharo oder Kerzenschein,
ob groß das Licht, ob winzig klein!
Das fühlt das Kind, das weiß der Greis:
Es erhellt den Wirkungskreis.

Von stiller Liebe sprechen Kerzen.
Sie erwärmen unsre Herzen.
Geh'n sie aus, ist's schwer zu finden,
ein Flämmchen neu sie anzuzünden.

Auch Blumen sind ein Liebeszeichen,
die wir gefühlvoll überreichen.
Bricht der ird'sche Wanderstab,
streu'n wir mit Tränen sie ins Grab.

Die Träne quillt in Leid und Freud'

so lang man lebt. - Es reut

uns viel vertane Liebe,

wenn am End' nichts übrig bliebe.

Drum sei es hier mit Ernst gesagt:

Liebet mehr und unverzagt!

Beug' in Liebe dich hinab!

Bewahre Treue bis zum Grab!

26. Ein glücklicher <u>Morgen</u>

Ein guter Morgen kennt keine Sorgen.

Bleib' nicht zurück! Ergreif das Glück!

Was für ein Tag auch kommen mag,

Leb niemals mies! Erstreb's Paradies!

27. Der Muselmann

Es war einmal ein Muselmann,
der schaffte sich vier Frauen an,
weil es so geschrieben steht
bei Mohammed, dem Erzprophet.

Kurze Zeit war erst vorbei,
da meint er schon: Es reichen drei.
Und nach weiterem Verzug
glaubt er, zwei sind auch genug.

Endlich war es dann so weit:
Die letzten zwei bekamen Streit,
wobei ihm gar nichts übrig blieb,
mit einer nahm er auch vorlieb.

Doch noch weiter ging das Spiel.
Die eine war ihm auch zu viel.

Sie sorgte schlecht, gab ihm kein Futter.

Drum kehrt er heim zu seiner Mutter.

28. Der Muslim und die Toleranz

Der Muslim, das sei hier bekannt,

ist in der Regel tolerant.

Doch sollte man es nicht vergessen,

ihn auch vom Christlichen zu messen!

Wer toleriert als Schmerzensmann

den Mensch, den man nicht leiden kann?

Es ist nicht leicht. Wer kann es wagen,

auch einen Schuft nur zu ertragen?

Hast du die Wahrheit voll im Sinn,

ist Toleranz nur selten drin.

Vor Bösem sei stets auf der Hut.

Dem Bösen mache keinen Mut!

Die Schlechtigkeit ist ungeniert.
Die sei Dir niemals toleriert.
Drum hüte Dich vor schlechtem Glanz
und zeig' im Guten Toleranz!

Wenn Güte und Gerechtigkeit,
dann mach Dich toleranzbereit!
Von Toleranz Dein Mund nicht künde,
wenn jemand lebt in schwerer Sünde.

Die Toleranz ist eine Frucht,
wenn man gerechten Frieden sucht.
Ist Güte, Wahrheit nicht zu finden,
muss auch die Toleranz Dir schwinden.

Ertrage nur mit Leib und Seele,
damit der andre nicht verfehle
die Liebe und die Ewigkeit,
das Himmelreich in Seligkeit.

29. Nikolaus-Gedicht

Als Bote Christi komm' ich hierher,

ich muss euch sagen, es weihnachtet sehr.

Bald wird für alle groß und klein,

der schöne, festliche Christtag sein.

Da wird gefeiert überall,

das hohe Fest mit Jubelschall.

Es ist der Tag von Jesus Christ,

der aller Menschen Heiland ist.

Von Gott, seinem Vater ist er gekommen

und hat sich unserer angenommen.

In Bethlehem als Kind geboren,

zum Heil der Welt ist er erkoren.

Ochs und Esel haben's gesehen,

wie dies in Israel ist einst geschehen.

Die Hirten kamen in tiefer Nacht,
Engel haben ihnen Kunde gebracht.

Seitdem dies dort geschehen war,
sind nun vergangen zweitausend Jahr'.
Jesus ist aber nicht nur ein Kind,
das man ganz arm in der Krippe find't.

Er ist Erlöser und Heiland zugleich.
Er hat uns gebracht das Himmelreich.
Als Bote des Herrn kommt der Nikolaus
und wandert von fern auch in dieses Haus.

So komme ich auch zu Euch hierher.
Ich hoffe, dies freut Euch alle sehr!
Ich komme gern, um Euch zu laben,
drum bring' ich hier die guten Gaben. ...

Es ist ein Sack, der ist fast voll:
Geschenke enthält er, das ist ganz toll.
Für Kinder gibt's auch was, das finde ich fein.
 Drum schaut doch ruhig in den Sack mal 'rein! ...

Ich mahne Euch alle, ob groß oder klein:
Lasst mir die alten Leut' nicht allein!
Denkt auch an die Armen in ihrer Not!
Und schenkt ihnen gern das tägliche Brot!

Wenn Krieg und Elend Menschen bedrücken,
dann solltet ihr nicht nur beiseite blicken!
Im Dienste Jesu zu Euch ich komme.
Sein Wort gilt immer, nicht nur für Fromme.

So denkt an die Leidenden voll Erbarmen
und zeigt Euer Herz auch für die Armen!

Jetzt will ich dann wieder weitergehen
und mich bei anderen Christen umsehen.

Ich kündige Euch das Weihnachtsfest an,
das macht in der Stadt oft der Weihnachtsmann.
Ich grüße Euch herzlich zur Weihnacht voraus
und habe Euch lieb! Euer Nikolaus

30. Ofen oder Sonnenschein

Wir lägen nicht mehr in den Betten,
wenn wir einen Ofen hätten.
Wer badet denn bei 14 Grad,
wenn er keinen Ofen hat?

Erst um zwölf Uhr auf zu stehn,
muss fast auf die Nerven gehn.

Die Frühlingsinsel, schön und bunt,

braucht Sonnenschein im Hintergrund.

31. Die Perfektion der Technik

Die Menschheit hat's so weit gebracht,

den Götzen „Technik" selbst gemacht.

Der Stand der Technik ist genormt,

durch eitlen Menschengeist geformt.

Macht Technik Menschen leicht bewusst

als wär' Natur nur ein Verlust,

ergreift den Menschen mit Gewalt

der Technik teuflische Gestalt.

Wenn der Mensch ist nicht perfekt,

der die Technik ausgeheckt,

kann's auch nicht die Technik sein,

die unvollkommen bringt uns Pein.

Hat sich ein Unfall zugetragen,

ist's meist nur menschliches Versagen.

Die Technik selbst ist ganz perfekt,

sind keine Fehler mehr entdeckt.

Die Technik, ob sie groß, ob klein,

kann oft auch unvollkommen sein;

doch wenn der Mensch sie gründlich richtet,

sind Mängel, Fehler schnell vernichtet.

Wir können zwar mit viel Vertrauen,

auf Menschen und auf Technik bauen,

doch dies ist unser Menschenlos,

der Mensch ist nur durch Technik groß.

Ist die Technik einmal schwach,

liegt der Mensch in Weh und Ach.

Technik wird zum Endgericht,

ohne sie geht's wirklich nicht.

Wer daher nur der Technik traut,

hat leider oft auf Sand gebaut.

Drum sei recht klug und nicht so stur!

Vertrau auch Gott und der Natur!

32. Vom <u>Rauchen</u> und Trinken

Es ist ein lang geübter Brauch:

Wer Pfeifen hat, liebt auch den Rauch.

Es gefällt ihm, nicht zu fragen,

ob er und and're das vertragen.

Ob Zigaretten, ob Zigarren,

das Rauchen ist an sich ein Schmarren.

Es putscht zwar auf das Nikotin,

doch leider ist auch Teer darin.

Die Lungen werden langsam schwarz

verkleben Bläschen wie ein Harz.

Man kann kaum atmen, man erstickt
und wird am Ende fast verrückt.

Denn Rauchen kürzt die Lebenslänge
durch Karzinom und Lungenenge.
Die Luft durch Raucher bleibt nicht rein.
Die Passivraucher leiden Pein.

So bietet sich kein schönes Bild:
Leichenblass vom Rauch umhüllt,
der Raucher will mit Tabak protzen,
es stört ihn nicht, wenn andre kotzen.

Analysiert man den Komplex,
landet man beim Saug-Reflex.
Schließlich kann man dann begreifen,
dass Männer oft zur Flasche greifen.

Rauchen, Trinken macht uns nur
süchtig, krank und lieblos pur.

Wirf den Tabak einfach weg

und befrei Dich von dem Dreck!

Darum folge meinem Rat:

Schreit entschlossen frisch zur Tat!

Die Sauferei lass endlich sein!

Und sei nicht gierig wie ein Schwein!

Alkohol und Nikotin

rafft die halbe Menschheit hin;

doch auch ohne Schnaps und Rauch,

stirbt die andre Hälfte auch.

Ich dagegen gebe Dir

eine andre Fassung hier:

Ohne Schnaps und ohne Rauch

kannst du glücklich leben auch!

33. Ein Rentner

Ein Rentner braucht nicht aufzustehn.

Er frühstückt oft erst gegen zehn.

Um elf Uhr geht er außer Haus.

Doch macht' er sich dabei nichts draus.

Die Zeit scheint ihm ganz einerlei.

Er hat den ganzen Tag noch frei.

Sein Leben sollte allgemein

noch nicht so nah' am Sterben sein.

34. Gefährliches <u>Reisen?</u>

Will man mit dem Zug verreisen,

denk' man nicht gleich ans Entgleisen.

Denn das Auto, nicht der Zug

hat des Risikos genug.

Ebenso sei Fatalisten

Start empfohlen auf den Pisten.

Auf der Flugplatzlandebahn

selten trifft man Unglück an.

Denn das Fliegen in der Luft

blieb noch nie 'ne Todesgruft.

Geblieben ist man oben nimmer.

Herunter kamen alle immer.

Reisen bleibt ein Risiko.

Sicher ist man nirgendwo.

Bliebe jeder nur im Bett,

niemand Reisefieber hätt'.

Man bedenke dabei nur

auch des Bettes Todesspur.

Viele Leute sterben brav

im Bette liegend, tief im Schlaf.

35. Von der Schönheit der Natur

Wer Bäume pflanzt in großer Zahl,
lässt die Berge nicht mehr kahl.
Ferner muss ich wirklich loben,
dass die Welt so grün da oben.

An der Promenade schön
kann man gut spazieren gehn.
Denn die Stadt gibt die Moneten
zu wunderschönen Blumenbeeten.

Ja, man hat viel nachgedacht,
wie die Welt man schöner macht.
Bunte Blumen, hohe Bäume
machen schöner unsre Träume.

36. Der alte Seemann

Wer hat den alten Seemann gekannt?
Der ging nur ziemlich selten an Land.

Er schätzte die Sonne, die Wellen, das Meer.
Seine Schritten waren oft langsam und schwer.

Voll Freude er zum Horizont schaut.
Die stürmische See war seine Braut.
Und als er schließlich lebenssatt starb,
wurd' das Meer ihm zum willkommenen Grab.

Da ruht er in Frieden als Teil seiner Welt.
Er hat sich sein Ende so vorgestellt:
Er wollte sich selbst und sein ganzes Wesen
für immer im riesigen Meere auflösen.

37. Die ewige <u>Seligkeit</u>

Erwacht aus schönem Himmelstraum,
- ich träumte von der Ewigkeit -
da sah ich vor mir einen Baum
in grüner Pracht und Herrlichkeit.

Eine schwarze Amsel saß

munter, fröhlich auf dem Ast.

Einen Schnabel sie besaß,

als hätt' sie mich gerufen fast.

Sie zwitscherte so vor sich hin.

Sie sprach zu mir wie feine Damen.

Das verwirrte meinen Sinn

und sprengte meinen Lebensrahmen.

Jetzt schien sie mir wie eine Frau

voll Schönheit, Charme und Güte.

Den Garten kannte sie genau,

der einst so schön erblühte.

Von Schönheit hat sie mir gesungen,

von Freude und von Herrlichkeit.

Wir schwelgten in Erinnerungen

vergangener Glückseligkeit

38. Der wahre Sieg

Begreift Ihr nicht? Mit geistlosem Brüllen
sind Hunger und Sehnsucht niemals zu stillen.
Den wahren Sieg hat nur der Mann,
der sich vom Hass befreien kann.

39 a) Gedanken über das <u>Sterben</u>

Ich hab jetzt tags- und übernacht
übers Sterben nachgedacht.
Es fiel mir nichts Besond'res ein:
Irgendwann muss es mal sein.

Abschied nehmen fällt oft schwer,
besonders ohne Wiederkehr.
Der Körper wird nicht mehr geschunden.
Man hat das Leben überwunden.

Mag der Leib auch ganz veralten,

unser Geist, der bleibt erhalten.

Die Materie ist tot.

Doch die Seele geht zu Gott.

39 b) Das <u>Sterben lernen</u>

Aus Rache oder auch zur Sühne

stirbt mancher auf der Erdenbühne.

Es streben viele nach den Sternen,

doch keiner will das Sterben lernen.

Man müsste nehmen Mut zur Hürde,

zu sterben lächelnd und mit Würde.

Das kann bestimmt nicht jedermann.

Es wird sich zeigen, wer es kann!

Es gilt ganz simpel festzustellen:

Der Sturm erzeugt die großen Wellen.

Wogegen die Wellen kleiner sind,
sind sie erzeugt von schwachem Wind.

Und bäumt im Sturm sich einer auf,
dramatisch wird sein Lebenslauf.
Bei andern ist wohl nicht viel drin:
Das Leben plätschert so dahin.

Drum wollen wir den Wind benennen,
wenn nach Beaudelaire wir sagen können:
Wir sind wie Blätter, die im Winde
verwehen, wenn sich niemand finde,

der diese Blätter nimmt und schätzt,
damit vom Sturm sie nicht gehetzt,
ins Nichts zerstieben und zerfallen.
Das wäre wohl ein Wunsch von allen.

Dann wär' der Wind der Heil'ge Geist,

der uns erweckt zur Freud' zumeist,

der uns im Leben vorwärts treibt,

damit nichts ganz verloren bleibt.

Wenn schließlich unser Leben fällt,

bis Gott es in den Händen hält,

dann sind wir nicht total vergangen,

wir sind für immer aufgefangen.

40. Streit und Krieg

In der Schule sind's oft Knaben,

die möchten gern das Sagen haben.

Griff da nicht der Lehrer ein,

gäb' es wüste Prügelei'n.

Seit es Menschen gibt, gibt's Kriege,

Niederlagen, Pyrrhus-Siege.

Man fletscht die Zähne, bis es kracht,
übermannt vom Rausch der Macht.

Völker haben nicht gelernt,
das Krieg Probleme nicht entfernt.
Wenn viel zerstört, wird jedem klar,
dass so ein Krieg nicht sinnvoll war.

Denn Armeen sind nicht Massen,
die sich über alles hassen.
Die Soldaten allgemein
könnten gute Freunde sein.

Fehlt die höhere Instanz,
fehlt die Menschlichkeit oft ganz.
Wenn das Gute nicht regiert,
wird der Mensch zum Streit verführt.

41. <u>Toleranz</u> und Solidarität

Wenn wir im Schuh des anderen gehn,
wir was von Toleranz verstehn.
Durch guten Willen kann allein
der Mensch kaum toleranter sein.

Nur wer den andern neu erfährt,
dem wird die Toleranz genährt.
Sie steigert sich durch Fremderfahrung.
Durch die Begegnung kriegt sie Nahrung.

Und wer sich solidarisiert,
wird mehr zur Toleranz geführt.
Zu echter Solidarität
ist es niemals schon zu spät.

Ja, die wahre Toleranz

fordert uns als Menschen ganz.

Darum solidarisch sei!

Das macht tolerant und frei!

42. Die Unitas

Freundschaft uns im Bund umschlingt,

das uns tiefe Einheit bringt.

Wer schwach im Herzen, werde stark!

Die Liebe dring' durch Bein und Mark!

Kameradschaft schenkt uns Trost.

Auf das Wohl sagt jeder "Prost".

Die Musik gibt an den Ton,

trifft der Lieder Tradition.

Man erkennt den wahren Grund

für den großen Lebensbund.

Die Liebe gilt es zu erweitern,
sowohl im Ernst, als auch im Heiter'n.

Und für das liebe Vaterland
ist uns Symbol das Farbenband.
Ein jeder stimmt ganz überein
und möchte gern katholisch sein.

Gemäß dem Ganzen: kath holän.
Das wirkt total und wunderschön!
Katholisch sein in diesem Sinn
ist wohl bei jedem Freunde drin.

Man trinke gern, man trinke feste,
man erzähle nur das Beste!
Man feiert lang mit großer Freud
die alte Burschenherrlichkeit.

43. Die unterschiedl. Menschen

Man sieht es schon beim kleinen Kind,
dass Menschen sehr verschieden sind.
Die einen männlich, and're weiblich.
Die Unterschiede werden deutlich.

Der eine schlau, der andre dumm,
der eine grad, der andre krumm.
Ob Glanz im Auge, Hundeblick.
Auf Adam gehn sie all zurück.

44. Verdruss

Ein Mensch, der wollte ewig leben.
Drum hat er's Rauchen aufgegeben.
Er sorgte sich nur um sein Wohl,
verzichtete auf Alkohol.

Ein Arzt berät ihn sorgenschwer:
"Das mit der Liebe geht nicht mehr."
In Ängsten ohne Unterlass
führt er ein Leben ohne Spass.

So lebt der Mensch mit viel Verdruss,
nur dass gesund er bleiben muss.
Sein Leben bleibt an Freuden rar.
Doch dafür wird er hundert Jahr.

Hört die Moral aus meinem Mund:
Treibt viel mehr Sport und bleibt gesund!

Die Freude ist nicht ganz egal.
Krank alt zu werden ist fatal.

45. Warum?

Ein Philosoph steht staunend stumm,
möcht' den Sinn der Welt ergründen.
Er fragt immerzu 'warum'.
Keine Antwort lässt sich finden.

Auch das Kind fragt oft 'warum',
quält sich gern mit kleinen Dingen.
Warum sind Bananen krumm?
Warum kann ein Fisch nicht singen?

Brauchen Schnecken ihr Gehäuse?
Ist der Uhu nicht zu dumm?
Haben Flöhe auch mal Läuse?
Warum ist der Mond so stumm?

Die Mutter muss die Antwort finden;
sonst bekommt sie keinen Frieden.
Kann sie's mit 'darum' nur begründen,
ist der Fall dann auch entschieden.

46. Die ungemütliche Welt

Die Kritiker und Eremiten

verändern kaum der Menschen Sitten.

Wer grausam kämpft um reine Macht,

hat sich meist selbst um's Glück gebracht.

Der Krieg als Vater aller Dinge?

Von dieser Meinung weg sich schwinge,

wer Frieden sucht von ganzem Herzen.

Denn Streit und Hass kann uns nur schmerzen.

Die Welt erscheint nur manchmal friedlich,

zur Zeit ist sie recht ungemütlich.

47. Gottes Wille

Wird man älter, fehlt die Kraft,

die früher Großes leicht geschafft.

Die Zeit läuft schnell, der Tag ist kurz.
Wann kommt der unbekannte Sturz?

Der Sturz in eine neue Welt,
die voller Licht dem Geist gefällt?
Wird jemand alt und hochbetagt,
nur selten ist er noch gefragt.

Das Älterwerden ist recht schwer,
wenn man sich fühlt gebraucht nicht mehr.
Doch kann man wohl mit mildem Lächeln
die Welt betrachten ohne Hecheln.

Dies ist die Chance zum Besinnen,
um neue Tiefen zu gewinnen.
Es wächst die Weisheit in der Stille.
So ist das Altern Gottes Wille.

48. <u>Wir</u> Alten

Wir sind eigentlich wie immer.
Nur das Hören wird noch schlimmer.
Auch das Gehen fällt recht schwer.
Gut sehen geht schon lang nicht mehr.

Im Gesicht sind viele Falten.
Ja, man sieht: Wir sind die Alten.
Von Sorgen sind wir weit entfernt,
ist des Lebens Spiel erlernt.

Am Schönen halten wir gern fest.
Wir knabbern an des Lebens Rest.
Den lassen wir uns nicht verbittern.
Was kann uns Alte noch erschüttern?

49. Die <u>Wirkung</u> der Eucharistie

Die Eucharistie gibt Phantasie.

Sie wandelt Brot, beendet Not.

So wachsen Triebe zur Nächstenliebe.

Der Wein gibt Kraft. Man vieles schafft.

Das macht uns frei. Und jeder sei

voll Lob und Dank durch diesen Trank.

Man wird gescheit. Es endet Streit.

Auf unsren Wegen mit Gottes Segen,

da gehen wir froh und glauben so,

dass Gott uns lenkt, uns Gnade schenkt.

Die Schwestern und Brüder

sind keineswegs müder,

den Herrn zu ehren,

die Liebe zu mehren.

50. Von der Flüchtigkeit der <u>Wolken</u>

Ich schau so gern den Wolken nach.

Sie ziehen stetig über Land.

Sie halten meine Träume wach,

ihr Ziel bleibt mir ganz unbekannt.

Und kann ich wo im Grase liegen,
ganz still, entspannt für mich allein,
seh' Wolken ich vorüberfliegen
und fühle mich dabei so klein.

Das Leben ist so kurz, so flüchtig
wie diese Wolkenformen auch.
Es scheint so viel trivial und nichtig,
das ganze Leben nur ein Hauch.

51. Wolkenformationen

Es ist ein köstliches Vergnügen,
in Sonne auf dem Rücken liegen
und am Himmel – diesem blauen –
den weißen Wolken nachzuschauen.

Was sind das herrliche Gebilde!
Runde, lange, manchmal wilde ...
Manchmal dunkler, manchmal lichter,
oft wie Köpfe, wie Gesichter.

Es gibt Vögel oder Hasen,
die wie wild vorüber rasen.
Auch mitunter formt sich da
Australien oder Afrika.

Wie friedlich ist der Muße Wonne,
bei frischem Wind und heller Sonne!
Die Wolkenpracht erregt wie nie
der Sehnsucht große Phantasie.

52. Würze

Ein guter Koch, das ist ein Mann,
der vor allem würzen kann.
Doch mancher wartet ganz vergebens
auf die Würze seines Lebens.

53. Wut und Resignation

Ich bin ein friedliches Gemüt,
bemüh' mich brav zu sein und gut.
Doch was so Tag für Tag geschieht,
das bringt mich einfach oft in Wut.

Was wir vom Unrecht alles hören,
von Diebstahl, Folterei und Mord,
das muss doch alle Welt empören.
Wer jagt nur die Verbrecher fort?

Manchmal auch mit kleinen Dingen,

wenn jemand kommt ganz ungebeten,

kann er mich auf die Palme bringen.

Ich möcht' ihm in den Hintern treten.

Trotzdem lasse ich es bleiben.

Kann ich so die Welt noch retten?

Ich höre lieber auf zu schreiben

und bet', dass wir mehr Frieden hätten.

54. Zeckenbiss

Ich frage mich: Was wohl die Zecken
in Wald und Flur bei uns bezwecken?
Zerstören sie in der Natur
nicht Harmonie und Liebe nur?

Was ist an ihnen denn schon gut,
wenn sie uns saugen ab das Blut?
Sobald wir unter Sträuchern stehn,
die Wunder der Natur besehn,

befällt der Sauger unsre Haut,
entlockt uns manchen Schmerzenslaut.
Der Biologe nennt's Schmarotzen.
Ich finde, so was ist zum Kotzen.

Auf Kosten andrer sich ernähren

kann Frieden, Glück und Sinn zerstören.

Der Zeckenbiss kann sein ganz gut,

lässt Mensch und Tier sein auf der Hut.

Wenn wir nur Schönes der Natur verkosten

wird unser Rasten leicht ein Rosten.

Anstatt die Tiere zu beschimpfen,

empfehl ich lieber: "Lass Dich impfen!"

Das Gleichgewicht ich nicht vermisse,

wenn ich bekämpf' die Zeckenbisse.

Denn die Natur gibt auch die Kraft,

zu wehren dem, der Böses schafft.

So siegt am Schluss der gute Geist,

der Schutz, Geborgenheit verheißt.

Dank an die Leser

Der Autor dankt seinen geschätzten Lesern

für deren Aufmerksamkeit.

Über ein kurzes Feedback zu den Gedichten

an seine E-Mail-Adresse:

heribert.steger@arcor.de

würde er sich freuen.